Inhalt

Verlustverrechnung - Das Scheitern einer umfassenden Neustrukturierung

Kernthesen

Beitrag

Fallbeispiele

Weiterführende Literatur

Impressum

Verlustverrechnung - Das Scheitern einer umfassenden Neustrukturierung

Annett Kaindl

Kernthesen

- Im Koalitionsvertrag wurde die Neustrukturierung der Regelungen zur Verlustverrechnung verankert.
- Eine ins Leben gerufene Facharbeitsgruppe sollte Vorschläge erarbeiten.
- Schwerpunkte der Arbeitsgruppe waren der Verlustabzug, die Verlustverrechnungsbeschränkung (Stichwort: Mantelkauf), der Verlustübergang bei Umwandlungen und die ausländischen Betriebsstättenverluste.

Beitrag

Aktuelle Vorschriften zur Verlustnutzung sehr komplex

Der Staat besteuert Gewinne als Ausdruck der Leistungsfähigkeit und muss deshalb folgerichtig Verluste als Minderungen der Leistungsfähigkeit berücksichtigen. Seit Mitte der neunziger Jahre hat der deutsche Steuergesetzgeber nach und nach das traditionelle System der Verlustverrechnung zugunsten von Verrechnungsbeschränkungen verändert. Derzeit finden sich im deutschen Steuerrecht zahlreiche Beschränkungen für die Verlustverrechnung. Diese dienen vor allem dazu, missbräuchliche Verlustnutzungsmodelle zu beschränken. (5)

Die Fülle an Regelungen und deren Komplexität erschweren eine sichere Rechtsanwendung. Angesichts der steuersystematischen Schwächen und inneren Widersprüche zahlreicher Verlustverrechnungsbeschränkungen erscheint eine Neuordnung der steuerlichen Verlustverrechnung geboten. Der Koalitionsvertrag zwischen CDU, CSU und FDP für die aktuelle Legislaturperiode gibt als mittelfristiges Ziel für die Unternehmensbesteuerung unter anderem die Prüfung einer Neustrukturierung der Regelungen zur Verlustverrechnung vor. Dabei sind die folgenden Ziele zu berücksichtigen: Stärkung des Wirtschafts- und Holdingstandortes Deutschland, Aufkommensneutralität sowie Steuervereinfachung. (1), (5), (6)

Weitere Gründe für eine Neustrukturierung der Verlustverrechnung

Das Verlustvortragspotenzial in Deutschland ist "gewaltig. Bei dem Verlustvortragsvolumen handelt es sich um ein reales Risiko für das Steueraufkommen. Es geht dabei um formal festgestellte Verlustvorträge, die größtenteils zur Verrechnung mit zukünftigen Gewinnen zur Verfügung stehen. Auch aus der aktuellen Entwicklung der Rechtsprechung ergeben sich zusätzliche Risiken für das Steueraufkommen. Der Bundesfinanzhof hat Zweifel geäußert, ob die Mindestgewinnbesteuerung in Sonderfällen, in denen die Verlustvorträge endgültig nicht mehr verrechnet werden können, verfassungsgemäß ist. Zudem vertritt der Bundesfinanzhof die Auffassung, dass Verluste einer ausländischen Betriebsstätte, die sich in einem EU/EWR-Mitgliedstaat befindet, ausnahmsweise zu berücksichtigen sind, sofern es sich um endgültige, also so genannte "finale" Verluste handelt. (1)

Arbeitsgruppe soll Vorschläge erarbeiten

Das Bundesministerium der Finanzen hat eine Facharbeitsgruppe eingerichtet, die bis zum Herbst 2011 Vorschläge zur Neustrukturierung der Verlustverrechnung erarbeiten sollte. Schwerpunkte der Arbeitsgruppe waren der Verlustabzug (Verlustrücktrag, Verlustvortrag, Mindestgewinnbesteuerung), die Verlustverrechnungsbeschränkung (Stichwort: Mantelkauf), der Verlustübergang bei Umwandlungen und vor dem Hintergrund der aktuellen Entwicklung der Rechtsprechung auch die ausländischen Betriebsstättenverluste. (1)

Die Ergebnisse der Facharbeitsgruppe liegen seit November 2011 vor und werden in die weiteren Überlegungen zur Erarbeitung eines Steuerreformprojektes zur Neustrukturierung der Verlustverrechnung einbezogen. (5)

Aktuelle Situation und potenzielle

Handlungsoptionen

Mindestgewinnbesteuerung

Ein wesentlicher Schwerpunkt der Diskussion der Neustrukturierung der Verlustverrechnung ist die Mindestgewinnbesteuerung. Sie beschränkt Verlustvorträge aus Vorjahren auf 60 Prozent des Gewinns, wenn dieser die Grenze von einer Million Euro übersteigt. (1), (4)

Ein Wegfall der Mindestgewinnbesteuerung würde zu erheblichen Steuermindereinnahmen führen. Für den Fall der Abschaffung der Mindestgewinnbesteuerung müsste daher überlegt werden, ob und gegebenenfalls wie diese Mindereinnahmen durch andere Maßnahmen kompensiert werden könnten. Eine Modifizierung der Mindestgewinnbesteuerung ist sehr sorgfältig zu prüfen, da die Mindestgewinnbesteuerung eine verstetigende Wirkung auf die Steuereinnahmen hat. (1)

Die Experten kamen zu dem Ergebnis, dass die Mindestgewinnbesteuerung nicht ohne erhebliche Belastungen für die Haushalte von Bund, Ländern und Gemeinden gemildert oder abgeschafft werden kann. Den angestrebten aufkommensneutralen Reformvorschlag kann die Arbeitsgruppe nach eigenem Bekunden nicht vorlegen. (5)

Zeitliche Begrenzung des Verlustvortrags

Das Verlustvortragspotenzial stellt ein reales Risiko für die öffentlichen Haushalte dar. Eine Lösung wäre die zeitliche Begrenzung des Vortrags dieser Altverluste. Eine zeitliche Begrenzung des Verlustvortrags ist sowohl im Bereich der Einkommensteuer als auch im Bereich der Körperschaftsteuer international durchaus üblich. Als Alternative zu einer zeitlichen Begrenzung könnte auch ein degressives Abschmelzen des Verlustvortragsvolumens angedacht werden. Eine Begrenzung des Verlustvortragsvolumens könnte Steuermindereinnahmen aus einer Abschaffung der Mindestgewinnbesteuerung - je nach Ausgestaltung - allenfalls zeitversetzt und in geringem Umfang ausgleichen. Eine Begrenzung des Vortragsvolumens hätte allerdings den positiven Effekt, dass bei der Haushaltsplanung und der Steuergesetzgebung künftig von verlässlicheren Rahmendaten ausgegangen werden könnte. (1)

Im Bericht der Arbeitsgruppe heißt es nun: Wird die Vorgabe der Aufkommensneutralität nachrangig behandelt, ist es denkbar, die Mindestgewinnbesteuerung schrittweise über acht Jahre abzuschaffen. Dies könnte mit einer zeitlichen Begrenzung der Verlustvorträge auf zehn Jahre verbunden werden. (6)

Verlustrücktrag

Derzeit wird der Verlustrücktrag nur in geringem

Umfang in Anspruch genommen. Seine Streichung wäre ein Beitrag zur Steuervereinfachung, da ein Verlustrücktrag regelmäßig zu einer aufwendigen Korrektur von Veranlagungen führt. Zu berücksichtigen ist allerdings, dass der Verlustrücktrag gerade kleinen und mittleren Unternehmen zugutekommt und in Krisenzeiten deren Liquidität verstärkt. In Abhängigkeit von der zukünftigen Ausgestaltung des Verlustvortrags und der Mindestgewinnbesteuerung könnten eventuelle Nachteile durch die Streichung des Verlustrücktrags etwa durch einen höheren Sockelbetrag bei der Mindestgewinnbesteuerung ausgeglichen werden. (1)

Verlustverrechnungsbeschränkung

Seit 2008 existiert die Regel, dass Verlustvorträge generell untergehen, wenn das Unternehmen übernommen wird. Diese Regelung wurde eingeführt, weil oftmals nach Pleiten Firmenhüllen, die nur noch Verluste enthielten, zur Steuervermeidung genutzt wurden. Die Verluste gehen im Übertragungsfall anteilig unter, wenn der neue Eigentümer zwischen 25 und 50 Prozent der Anteile erwirbt. Bei einem Erwerb von mehr als 50 Prozent der Anteile, können die Verlustvorträge gar nicht mehr geltend gemacht werden. Die Vorschriften enthalten vier Ausnahmeregelungen: Verlustvorträge dürfen geltend gemacht werden, wenn es sich um eine Sanierungsübernahme handelt, wenn in Höhe des

Verlustvortrages stille Reserven mit übertragen werden, wenn es sich nur um eine Umgliederung innerhalb des gleichen Konzerns handelt und grundsätzlich bei Banken. (2), (4)

Mit Blick auf mögliche Steuerausfälle rät die Arbeitsgruppe, die eingeschränkte Nutzung von Verlustvorträgen beim Mantelkauf beizubehalten. Eventuell kommt es auch zur Einführung einer Missbrauchsregel, mit der der Fiskus reine Steuervermeidung verhindern kann. (4), (5)

Berücksichtigung so genannter finaler Betriebsstättenverluste

Aus Sicht der Wirtschaft besonders enttäuschend ist die Analyse der Finanzbeamten über die bisher stark eingeschränkte konzerninterne Verrechnung von Auslandsverlusten. Die Fachleute empfehlen nur diejenigen Auslandsverluste deutscher Konzerne zur Verrechnung im Inland zuzulassen, die "finalen Charakter" haben. Das heißt, sie können auf keinen Fall mehr im Ausland mit dortigen Gewinnen verrechnet werden. (3)

Verrechnung von Gewinnen und Verlusten

Schon lange wünscht sich die Wirtschaft eine Verrechnung von Gewinnen und Verlusten in Konzernen ohne den umstrittenen Ergebnisabführungsvertrag. Mit diesem verpflichtet sich eine Tochterfirma, ihre Gewinne an die

Konzernmutter abzuliefern. Im Gegenzug gleicht die Mutter Verluste der Tochter aus. Die Unternehmen kritisieren das Konstrukt seit Jahren als deutsches Bürokratiemonster. Der Konzern sollte als Einheit verstanden werden, in dem Gewinne und Verluste verrechnet werden können. Hält ein Unternehmen einen bestimmten Prozentsatz der Stimmrechte und des Kapitals an einem anderen Unternehmen, soll es die Verlustverrechnung beim Finanzamt beantragen können. (3)

Der Bericht schlägt vor, auf die Vorlage eines Gewinnabführungsvertrags zu verzichten, wenn die Beteiligungsquote mindestens 95 Prozent beträgt. (6)

Trends

Der vorliegende Arbeitsgruppenbericht kann nur als die Grundlage einer nun anzusetzenden Detailarbeit gesehen werden. Insbesondere steht auch noch die Einordnung der Ergebnisse in Bezug auf die deutsch-französischen Harmonisierungsbestrebungen aus. Die Wahrscheinlichkeit, dass es zu einer großen Reform der Regelungen zur Verlustverrechnung kommt, ist aus derzeitiger Sicht aber eher gering. Im Hinblick auf das Ziel einer Vereinfachung des Steuerrechts sind neben umfassenden Änderungen allerdings immer auch "kleine Lösungen" im Auge zu behalten. So enthält die Mindestgewinnbesteuerung durchaus einige

Stellschrauben und auch im Zusammenhang mit den Verlustverrechnungsbeschränkungen gibt es Kritikpunkte, die unter Umständen noch aufgegriffen werden könnten. (1)

Fallbeispiele

Bei der Körperschaftsteuer als auch bei der Gewerbesteuer betrugen die Verlustvorträge bereits im Jahr 2004 mehr als 500 Milliarden Euro. Interessant ist die Verteilung des Verlustpotenzials. Hier lässt sich eine starke Konzentration feststellen. Bei der Körperschaftsteuer entfielen 95 Prozent der Verlustvorträge des Jahres 2006 beziehungsweise 547,5 Milliarden Euro auf 49 332 Steuerpflichtige, das sind 5,6 Prozent aller Körperschaftsteuerpflichtigen. (1)
Die tatsächliche Belastungswirkung der Mindestgewinnbesteuerung für die Unternehmen wird vielfach überschätzt. Eine Auswertung der Zahlen des Statistischen Bundesamtes für den Veranlagungszeitraum 2006 zeigt, dass von der Mindestgewinnbesteuerung lediglich 2 810 von 800 000 Körperschafsteuersubjekten und 2 871 von über 2,6 Millionen Gewerbesteuerpflichtigen betroffen waren. Dabei wirkt sich die Mindestgewinnbesteuerung bei kleineren und

mittleren Unternehmen wegen des Sockelbetrags von einer Million Euro kaum aus. (1)

International wird eine zeitliche Beschränkung des Verlustvortrags bereits vielfach praktiziert. So sehen beispielsweise in Europa Portugal und Spanien bei natürlichen Personen vier Jahre und Frankreich sechs Jahre vor. Bei Körperschaften die Schweiz, Slowakei sieben Jahre, Lettland acht Jahre, Niederlande neun Jahre, 10 Jahre Finnland und 15 Jahre Spanien bei Körperschaften und Personengesellschaften. Kanada und USA setzen hierfür sogar zwanzig Jahre an. (1)

Weiterführende Literatur

(1) Einschränkungen der Verlustverrechnung
aus FR - Finanz-Rundschau 16/2011, S. 741-745

(2) Neue Diskussion um steuerliche Verlustverrechnung
aus Frankfurter Allgemeine Zeitung, 27.06.2011, Nr. 146, S. 12

(3) Starthilfe für Umbau der Unternehmensbesteuerung Wissenschaftler liefern Vorlage für Finanzministerium // Verlustverrechnung im Konzern ohne Ergebnisabführungsvertrag // Einschränkung nur im Ausland
aus Financial Times Deutschland vom 08.06.2011, Seite 10

(4) Konzerne hoffen auf einfachere Verlustverrechnung, Finanzminister Schäuble will das deutsche und das französische Unternehmensteuerrecht weiter annähern
aus Financial Times Deutschland vom 08.06.2011, Seite 10

(5) Berliner Steuervorhaben stecken fest Reform bei Verlustverrechnung und Organschaft wird teuer - Länder wollen Schweiz-Abkommen ändern
aus Börsen-Zeitung, 15.11.2011, Nummer 220, Seite 7

(6) Ringen um kleinste Steueränderung
aus Frankfurter Allgemeine Zeitung, 16.11.2011, Nr. 267, S. 13

Impressum

Verlustverrechnung - Das Scheitern einer umfassenden Neustrukturierung

Bibliografische Information der deutschen Nationalbibliothek

Die Deutsche Nationalbibliothek verzeichnet diese Publikation in der deutschen Nationalbibliografie; detaillierte bibliografische Daten sind im Internet über http://dnb.d-nb.de abrufbar.

ISBN: 978-3-7379-1406-2

© 2015 GBI-Genios Deutsche Wirtschaftsdatenbank GmbH, Freischützstraße 96, 81927 München, www.genios.de

Alle Rechte vorbehalten. Dieses Werk ist einschließlich aller seiner Teile – z.B. Texte, Tabellen und Grafiken - urheberrechtlich geschützt. Jede Verwertung außerhalb der Grenzen des Urheberrechtsgesetzes bedarf der vorherigen Zustimmung des Verlags. Dies gilt insbesondere auch für auszugsweise Nachdrucke, fotomechanische

Vervielfältigungen (Fotokopie/Mikroskopie), Übersetzungen, Auswertungen durch Datenbanken oder ähnliche Einrichtungen und die Einspeicherung und Verarbeitung in elektronischen Systemen.